Chispas de humor y reflexión

Chispas de humor y reflexión

Ariadna B. Chávez Alvarez

Número de Control de la Biblioteca del Congreso
de EE. UU.:   2012919571
ISBN: Tapa Blanda   978-1-4633-4035-3
                   Libro Electrónico   978-1-4633-4034-6

Para pedidos de copias adicionales de este libro, por favor contacte con:
Palibrio
1663 Liberty Drive, Suite 200
Bloomington, IN 47403
Gratis desde EE. UU. 877.407.5847
Gratis desde México 01.800.288.2243
Gratis desde España 900.866.949
Gratis internacionales +1.812.671.9757
Fax: 01.812.355.1576
ventas@palibrio.com
380354

AGRADECIMIENTOS

Los sueños, aunque personales, se alimentan del cariño y apoyo de quien está a nuestro alrededor.

Gracias a mis papás por dejarme ser yo...

Un millón de gracias a Irais por ser la más hermosa sorpresa en mi vida. Por ser compañera en este camino, mi mayor porra, mi fuerza, mi incondicional.

Gracias a Irving por haberme retado, pero más por enseñarme a hacer las cosas con verdadera intención y con el corazón. Sin él aún no sabría cómo y tal vez no hubiera tomado la determinación de hacer este libro.

A los Aztecas Camvilib, mi agradecimiento y cariño siempre, son parte importante de esta meta.

Agradezco a todas las personas que de alguna manera influyeron, conscientemente o sin saberlo, en la realización de este libro.

Finalmente, gracias a la vida misma por ser maravillosa.

PRESENTACIÓN

La historia de este libro no es extraordinaria. Es la historia de un sueño hecho realidad simplemente por la decisión de llevarlo a cabo.

Desde adolescente me gustó pensar; las palabras, conversaciones, tareas escolares, todo aquello que me hiciera pensar me satisfacía. Entonces comencé a juntar frases que me hicieran sentido. Eso y mi gusto por coleccionar libretas y bolígrafos hicieron que desde los 13 años escriba las frases que llaman mi atención. Así, 22 años de reunir frases de todos lados, situaciones y personas, se resumen en esta compilación.

Las frases incluidas son desconocidas o no tan famosas. Traté de excluir frases célebres y de personajes célebres porque la filosofía de ellos es ya muy conocida. En cambio las frases de este libro, aunque desconocidas, son dignas de compartir y reflexionar.

Lo que me gusta de leer frases es pensar si son verdad o no y hasta qué punto. Si lo que afirman puede ser verdad sólo desde cierto punto de vista. Algunas tendrán sentido en cierta época pero en otras no.

Me apasiona encontrar frases que, desde todos los ángulos que imagine, sean ciertas. Así, cuando una frase es irrefutable en su totalidad se vuelve una *Máxima,* es decir, imposible de contradecir. No existe argumento válido para descartarla como absoluta. Este ejercicio de reflexionar cada frase siempre me remite a otras frases y entonces puedo compararlas y concluir que la mayoría son válidas o ciertas sólo en parte.

Las frases que compilé en este trabajo no son *Máximas.* Sólo me parecieron dignas de leerse para la reflexión. Provienen de las clases universitarias, películas, amigos, desconocidos, publicidad, redes sociales. Muchas son humorísticas, paradójicas, también hay juegos de palabras. Cada quien podrá estar de acuerdo o no con lo que cada una expresa. Si alguna provoca una sonrisa, me doy por satisfecha.

Sería muy egoísta de mi parte guardarme todo lo que estos aforismos me han hecho pensar y sentir. De qué valdría tanta pasión y dedicación si no comparto lo aprendido en tantos años. Es por ello que decidí reunir lo mejor de las miles de frases que han pasado por mi vida.

Espero que les resulten tan lúdicas y didácticas como a mí.

Tengo alas... y todo el Cielo.

Hoy derramo una lágrima por aquellos que dejaron de amar y comenzaron a morir.

Porque es tiempo de que hagamos algo...
Grupo estudiantil Líderes Politécnicos

Lo que es bueno o malo no es la acción, sino la intención.

Maneja tu negocio, no dejes que él te maneje a ti.

No dejes que la conquista te conquiste, ni la derrota te derrote.

La amabilidad es el arma más noble para conquistar.

Vive tu vida como una exclamación, no como una explicación.

Cuando entendí la vida ya la había vivido.

Muchos aprenden, pocos saben.

La liberación femenina no se habrá concretado hasta que una mujer pueda ser gorda y calva y aún así ser atractiva para el sexo opuesto.

Es mejor encontrar una persona feliz que un billete.

Experto es quien está dispuesto a ignorar muchas cosas con tal de saber todo sobre una sola.

Las palabras son el atuendo del pensamiento.

La burocracia es ocio subvencionado.

¿Hoy saliste a correr o saliste corriendo? ¿Qué calidad de vida tienes?

Es más horrible quien pierde la pasión que quien en la pasión se pierde.

No te preocupes por el Mundo que le dejas a tus hijos, ocúpate de los hijos que le dejas al Mundo.

¿Si no tú, entonces quién?

En los días que corren, la gente sabe el precio de todo y el valor de nada.

Dorian Grey

Para un hombre culto, aceptar las normas de su época es la peor inmoralidad.

El juego de las reglas puede convertirse en las reglas del juego.

El equivalente estético del dominio económico es la industria cultural.

Las tecnologías comunicativas van demasiado de prisa para las teorías comunicativas.

La respuesta social se calcula en *ratings*, que son mediciones comerciales, no sondeos de conciencia.

Hay que tener aspiraciones elevadas, expectativas moderadas y necesidades pequeñas.

Conseguirás la grandeza cuando no seas arrogante con el humilde, ni humilde con el arrogante.

Si tienes un título universitario, puedes estar seguro de una cosa: ¡que tienes un título universitario!

Aquello a lo que tienes miedo es una clara indicación de lo siguiente que tienes que hacer.

La prosperidad consigue algunos amigos y muchos enemigos.

El tiempo quita y da, pero lo que da también lo quita.

Hay un placer del cual el ser humano no puede cansarse; ayudar a aquel que lo necesite.

El periodismo es el primer borrador de la historia.

Las reservas impuestas al placer incitan al placer de vivir sin reservas.

Desabotónense el cerebro tantas veces como la bragueta.

Mi principal problema en la escuela es que me resulta inexplicable lo que ya se me explicó.

Sus armas: el valor de su fuerza y la fuerza de su valor.

Los hombres más poderosos no cargan en su consciencia lo que hicieron en los últimos cinco años, lo cargan en su computadora.

La felicidad que da el dinero está en no tener que preocuparse por él.

En cada vida, hay un momento en que, ese sueño que soñabas llega a ser eso que tú haces.

Del dicho al hecho hay un emprendedor.

Ernesto Elizalde

Así pues, queda mucho que soñar, que idear y actuar.

Daniel Ibarra

Soy más emprendedora que habladora.

Ariadna Chávez

Aunque pudiera hacerme temible prefiero hacerme amable.

Un millón de chicos dirigidos por una chica en un millón.

Moesha

La avaricia es digna representante de aquel humano que nunca ha tenido nada.

¿A qué le tiras cuando la tiras (la basura)?

Estamos poéticamente condenados a amar la vida porque la vida es bella.

Roberto Benigni

Todo poder corrompe pero no tenerlo corrompe más.

Hacer lo mejor posible en este momento nos deja en la mejor posición para el siguiente.

Oprah Winfrey

Creer en algo es una garantía de tranquilidad.

Máximo Gorki

Haz lo que escribes y escribe lo que haces.

Se puede tener todo pero no al mismo tiempo.

Haz lo que piensas y piensa lo que haces.

El trabajo es un medio de vida, la vocación es la vida.

Ing. Oscar Dávila

Por qué te intimidas con lo que es diferente a ti.

Tarzán

Buscando la hermosura encontré la naturaleza.

La riqueza no es de quien la tiene, sino de quien la disfruta.

A los amigos que queremos de verdad nos place ayudarlos.

El desperdicio voluntario puede traer pobreza.

Las flores del mañana se riegan desde hoy.

Trabajar con entusiasmo proporciona felicidad.

Al echar a volar nuestra imaginación sabemos que no tiene límites.

Ser útil a los demás nos llena de satisfacciones.

Un momento de gratitud da alegría y tranquilidad a tu alma.

Cuando perdonamos aprendemos a amar.

Sé tú mismo y siempre estarás en buena compañía.

Es bueno dedicar un poco de tiempo a los juegos que nos alegran.

Es importante que uno se obligue a concentrarse en algo que no sea su dolor.

Bessel Vander Kolk

Conócete por lo que terminas, no por lo que empiezas.

A veces el amor fracasa por diferentes sensibilidades para amar.

Horacio Villalobos

Mis mejores discursos, ideas y análisis ocurren cuando tengo insomnio.

Ariadna

La personalidad es el desarrollo armónico de todos los valores.

No perdamos el tiempo preguntándonos por qué el mundo está como está; mejor preguntémonos qué podemos hacer para mejorarlo... esta pregunta sí tiene respuesta.

Por la construcción de un México mejor...

Consejo Consultivo Juvenil

La vida es bella, Benigni... la vida es ella, un enamorado.

En la vida hay dos tipos de decisiones, personales y colectivas.

Si tu vida es una basura, compáctala.

Un suicida

Vanidosa es la que se arregla o la que piensa que sin arreglo está hermosa.

La primera vez que haga el amor no quiero tener una razón para hacerlo, quiero tener todas las razones.

Dawson (Dawson's Creek)

Tengo algo que objetar, por lo tanto soy un objete.

Adrián Zeferín

Paga lo que debes y sabrás cuánto tienes.

Inmoral es aquello que va en contra del bienestar real de la humanidad.

Lo que ocurrió este dos de julio del año 2000 en México es equiparable a la caída del muro de Berlín.

(Ganó la elección presidencial Vicente Fox del partido de oposición)

Nada es malo hasta que no hayas comprobado que es malo. Nada es bueno hasta que no hayas comprobado que es bueno.

Ernesto Elizalde

Si tienes todo bajo control es que vas muy despacio.

Emerson Fitipaldi, corredor de autos

Cuando estás desempacando una computadora ya está haciéndose obsoleta.

Los buenos negociadores escuchan mucho más de lo que hablan.

William Ury

No puedo escuchar lo que dices porque hace mucho ruido lo que haces.

Me das mucho tiempo para mí y toda la libertad... pero si fuera realmente libre, escogería estar más tiempo contigo.

Ariadna

Me complace complacerte.

Ariadna

La justicia suele ser una forma de venganza y debiera ser una forma de reconciliación.

Yo no soy machista; machista Dios que las hizo inferiores.

El trabajo en equipo es importante, así puedes echarle la culpa a otros.

Si le pones tantos nombres... ponle condón.

El amor sin palabras es el sonido más fuerte de todos.

Tus ojos me cuentan que te han visto llorar.

Canción Cuídate, grupo La Oreja de Van Gogh

El propósito de la vida es la vida con un propósito.

Nosotros no hemos nadado en su inodoro, así que usted no orine en nuestra piscina.

¡Aprende! Es lo único que necesitas saber.

La razón de amar la encontramos viviendo; el sentido de vivir lo encontramos amando.

Es agradable ser importante pero es más importante ser agradable.

Los niños nunca han sido buenos para escuchar a sus padres, pero nunca fallan al imitarlos.

No dejamos de jugar porque estemos viejos; nos ponemos viejos porque dejamos de jugar.

Dime el motivo, bien sé que en él hay una mujer...

Cuando una mujer se equivoca conviene empezar pidiéndole perdón.

Cuando tengo razón nadie se acuerda; cuando me equivoco nadie se olvida.

La pelota la tienen ustedes (los jóvenes), tiren a gol.

Niní Trevit

A veces hacemos preguntas no porque no tengamos las respuestas, sino porque necesitamos hacernos las preguntas.

En la política internacional, no importa quién es quién, sino quién está con quién.

Sentimos que somos los mejores en algo, quizá no es así, sólo que esa sensación llega cuando estamos dando lo mejor de nosotros mismos.

Cuando damos lo mejor, sentimos que somos los mejores. Quizá no lo somos pero es positivo creerlo para seguir dando lo mejor.

Ariadna

En el amor se puede sacrificar todo, pero primero hay que amarse uno mismo.

Ariadna

Tú no tienes una explicación de por qué me amas. Yo tampoco tengo una de por qué no te amo.

Ariadna

Obtenemos de otros lo que nosotros damos. Encontramos en ellos lo que nosotros traemos. Descubrimos que los cambios en ellos en realidad son cambios en nosotros mismos.

Mi Dios es mi conciencia.

La vida no es una metodología.

No sueñes tu vida. Vive tu sueño.

No me feliciten, respétenme.
Una mujer en el Día Internacional de la Mujer

Ser para parecer y no parecer para aparentar.
Alfonso Herrera (Grupo RBD)

Un artista cuenta mentiras para decir la verdad, un político para ocultarla.

Quien compite conmigo tiene algo que yo no: envidia.

Yo no tengo a nadie y nadie me tiene tampoco.
Alma Aparicio

La planeación sin acción es decepción.

La música que extasía a las mujeres es la ejecutada con las trompas de Falopio.

Enrique Jardiel Poncela

La violencia es una enfermedad y las armas son el virus. Estamos ante una epidemia.

La Ley y el Orden, serie de televisión

Se trata de reconocer el pensamiento de todos, no de que todos pensemos igual.

Cuando la realidad parece ficción es hora de hacer documentales.

Canal 22, México

Tú que todo lo sabes y lo que no... lo aprendes.

Quien entró a un campo (de concentración nazi) jamás podrá salir; de la misma manera, el que no estuvo ahí jamás podrá entrar ni siquiera en la imaginación.

Simón Kleiman, sobreviviente mexicano del Holocausto

Hoy tomé mi primera decisión de adulto: seguir siendo niño.

Dr. Doogie Howser

Cultura es aquello que se me quedó cuando se me olvidó lo aprendido.

El sentido común es el menos común de los sentidos.

Es fácil cambiar, lo difícil es entender que es tan fácil.

Los sueños, sean cuando estamos dormidos o cuando estamos despiertos, nos desnudan, nos delatan.

Ariadna

La base de los proyectos es el consenso.

Ariadna

Calificar a Carlos Marx me queda muy grande.

La profesora al revisar una tarea copiada de El Capital

Cuando todo esté en tu contra, yo estaré en contra de todo por ti...

Antes de entrar a tu cuerpo déjame fecundar tu corazón.

Tienes un corazón valiente, ahora ten valentía para obedecerlo...

Película Corazón Valiente

Los capitalistas son democráticos porque quieren lo que la mayoría quiere.

Jamás un dictador plebeyo se ha retirado voluntariamente del poder.

El mejor lugar es el espacio que estoy ocupando ahora mismo.

Me gusta ser libre pero no me gusta estar sola.

Los motivos para hacer algo a veces no coinciden con las razones para hacerlo.

Ariadna

La Universidad son sólo cuatro años para no conocer la realidad.

El ejemplo no es el elemento primordial para influir en los demás, es el único elemento.

Que NO se esFUME tu salud.

¿Si no fueras bailarina qué serías? – Una fracasada porque definitivamente nací para expresarme con el cuerpo.

No quiero morir, sólo deseo no seguir viviendo.

La peor tiranía es decirle a la gente que tiene los mismos derechos que el presidente.

Ocupamos mucho tiempo para mantenernos informados de los problemas y nada para hacer algo al respecto.

No es que yo sea sexy; son sexys las miradas que me ven.

Yo no puedo ver sin comprar, pero sí puedo comprar sin ver.

Compradora compulsiva

No olvidemos que cada uno de nosotros somos el Centro.

Centro comunitario "El Triunfo de Becerra"

Las personas no valen por sus grandes ideas, sino por las que llevan a cabo.

Interrumpí mi educación a los seis años para ir a la escuela.

Una cosa es aprender del pasado y otra revolcarse en él.

Comprar acciones es lo mismo que ir al casino pero sin servicio de bar.

Ted Allen

Yo creo firmemente en la inocencia de alguien hasta que se le acaba el dinero.

Un abogado

El hombre que busca la aceptación de los demás actúa la Vida, no la vive.

Serás una virgen mientras no hagas el amor; pero cuando lo hagas y aprendas a disfrutarlo serás una diosa.

Andrea Bárcena

¿Cómo estás? De bienes ando mal y de males ando bien.

Te lleva el mismo tiempo hacerlo bien que hacerlo mal. Y si de todas maneras lo vas a hacer, pues ¡Hazlo bien!

Rosa María Alvarez

El pecado mismo es el gesto que nos libera para siempre del pecado.

Salvador Mendiola

El cliente no siempre tiene la razón... pero paga.

Nunca digas a la gente cómo hacer las cosas. Dile qué hacer y su ingenio te sorprenderá.

No es necesario pisotear al Mundo. Hay que saber caminar sobre él.

Zapatos Flexi

Tengo un ser que, al entregarme su vida, me dio lo mejor de la mía.

El temor era absolutamente necesario; sin él me habría muerto de miedo.

A mis amados les dejo las cosas pequeñas; las grandes son para todos.

En un testamento

Escribe cosas dignas de leerse o haz cosas dignas de escribirse.

No hay lealtad que dure más de dos quincenas sin pagar.

Las niñas buenas van al cielo, las malas a todas partes.

La responsabilidad es una obligación encomendada por el cerebro y avalada por el corazón.

"Locura de amor" es un pleonasmo. El amor es en sí una locura.

Una cosa es aprender del pasado y otra revolcarse en él.

El éxito consiste en tres cosas: hacer lo que la vida te llama a hacer; hacer lo que sabes hacer mejor; y hacer lo que te hace feliz.

Hoy nos comunicamos a través de los instrumentos que precisamente han debilitado la comunicación.

La pérdida de nuestras ilusiones es la única pérdida de la cual nunca nos recuperamos.

Hay que dejar la vanidad a los que no tienen otra cosa que exhibir.

La mayoría de la gente prefiere tener la razón a ser feliz.

Quien sabe resolver problemas es menos eficiente que quien sabe evitarlos.

Lo que más admiro de Cristóbal Colón no es que haya descubierto un continente; sino que haya emprendido la búsqueda impulsado sólo por la fe en una opinión.

Cultivar un jardín requiere de mucha agua, la mayor parte en forma de sudor.

No hay dos hombres iguales y ambos se alegran de ello.

Un gran libro debe dejarnos algo cansados cuando lo terminamos, pues al leerlo hemos vivido varias vidas.

En vez de dar las llaves de la ciudad a ciertos políticos, deberíamos cambiar las cerraduras.

Las guerras las declaran los gobiernos y las sufren los pueblos.

Una encuesta de opinión pública no sustituye a la reflexión.

Lo mejor de casi todos los viajes tiene que ver con el placer anticipado o los recuerdos. La realidad tiene que ver más con la pérdida del equipaje.

La vida no se acaba con lo que hoy termina.

El Universo creó el tiempo y el hombre la prisa.

Hasta que no tengan consciencia de su fuerza, no se rebelarán, y hasta después de haberse rebelado, no serán conscientes. Este es el problema.

Novela 1984, de George Orwell

El mejor momento para descansar es cuando no se tiene tiempo para ello.

Todo mundo quiere vivir a expensas del Estado; se les olvida que el Estado vive a expensas de todo el mundo.

La palabra escrita congela el pensamiento y lo conserva intacto para el análisis.

La peor tiranía es decirle a la gente que tiene los mismos derechos que el presidente.

Se necesita más sabiduría para aprovechar un consejo que para darlo.

El propósito de la vida es la vida con un propósito.

La diferencia entre lo ordinario y lo extraordinario es precisamente el "extra".

Ser original no es ser distinto, sino auténtico.

Mi mayor interés está en mi futuro porque ahí pasaré el resto de mi vida.

El amor no se declara, se demuestra.

No está mal ser bella, lo que está mal es la obligación de serlo.

Lo que somos es un regalo de la Vida para nosotros; en lo que nos convertimos es un regalo de nosotros para la Vida.

Si tu vida no está siendo de la forma que quieres, fíjate en qué estás mintiendo.

El mayor riesgo en la vida es no arriesgar.

Cuando uno vive como piensa acaba pensando como vive.

Aquello a lo que tienes miedo es una clara indicación de lo siguiente que tienes que hacer.

Cualquier sistema que quita la responsabilidad a la gente la deshumaniza.

Yo necesito pocas cosas y las pocas cosas que necesito las necesito poco.

Los líderes suman voluntades.

Los políticos cantinflean. Cantinflas politizaba.

El papel no se ruboriza.

Cicerón

La cultura se está empaquetando en serie y su distribuidor
autorizado son los medios masivos de comunicación.

Se habla mucho de lucha de clases y poco de cooperación
de clases.

¿Todo lo que es necesario es benéfico?

Me gusta ser libre... pero no me gusta estar sola.

La pasión tiene dos sentidos: cuando sientes que te comes
a la situación y cuando el momento te come a ti.

El "hubiera" es el pasado pendejo del verbo haber.

Edgar Zaldivar

Convicción es la certidumbre de que algo tiene sentido, sin importar su resultado final.

Dios, las vírgenes y los santos me protejan de los mojigatos.

Los verdaderos amigos se hieren con la verdad para no destruirse con la mentira.

La soledad es un buen lugar para visitar pero no para quedarse.

Las circunstancias no son más grandes que yo.

Fernando Chang

La gente exitosa hace que las cosas pasen; a la gente mediocre le pasan las cosas.

El hombre es capaz de dar afecto con tal de tener una relación sexual; la mujer es capaz de tener una relación sexual con tal de recibir afecto.

Acepta el hecho de que sin importar cuántas veces estés en lo cierto, algunas veces te equivocarás.

No temas a la competencia, más bien teme a la incompetencia.

La gente siempre apoya aquello que ayudo a crear.

La melancolía es la dicha de estar triste.

Todos los hombres mueren, no todos realmente viven.
William Wallace

La excelencia no debe ser algo extraordinario, debe ser un hábito. Tampoco es perfección necesariamente.

Las marcas de prisión tatúan el alma.
Zonzón, película El pozo negro

No pretendo ocupar el lugar de nadie, sino simplemente uno que nadie más pueda ocupar.

Laura Gutiérrez G.

El Internet sirve para dos cosas; ganar tiempo o perder tiempo.

Hombres y mujeres, mujeres y hombres: tenemos los mismos Derechos pero no somos iguales.

No es lo mismo sentirse feliz que ser feliz.

Ariadna

Mi realidad es ajena cuando no puedo soñar.

Haz de mi vida una ilusión y haz de esa ilusión tu vida.

No es tan difícil leer, ya lo hiciste.

Si quieres resultados diferentes haz cosas diferentes.

El agua es un derecho, cuidarla es una obligación.

Si está de moda, va a pasar de moda.

Hice una prueba de inteligencia y salió negativa.

No te lleves al Cielo tus órganos, si el Cielo sabe que se necesitan aquí en la Tierra.

El futuro de un país no se construye el día de las elecciones, sino con las elecciones de todos los días.

Fundación Televisa

El tiempo no elige lo que se lleva, nosotros elegimos lo que nos queda.

Es joven, a cualquier edad, quien hace planes para mañana.

Eso de la muerte lo dejo para el último momento.

La mejor manera de librarse de la tentación es caer en ella.

La mejor política social es una política económica adecuada.

Somos lo que hacemos para cambiar lo que somos.

Adrián López

A tu edad se vive de sueños; a mi edad se vive de recuerdos.

Lo que tiene precio tiene poco valor.

Nietzsche

Una mujer es capaz de fingir un orgasmo, pero un hombre es capaz de fingir toda una relación.

Sharon Stone

Después de los 40 años, si no te duele algo, entonces estás muerto.

Sergio Zurita

El valor no es la ausencia del miedo, sino el conocimiento de que hay algo más importante que el miedo.

Película El Diario de una Princesa

Te escribí una carta larga porque no tuve tiempo de escribir una corta.

Los ojos no sirven de nada a un cerebro ciego.

Atender la forma y olvidar el fondo es la esencia de la mediocridad.

Yo no hablo con personas que tienen más funciones en su celular que en su cerebro.

Antes buscaba inteligencia en otros planetas, ahora me conformo con encontrarla aquí en la Tierra.

Ernesto Elizalde

Nadie está más vacío que aquel que sólo está lleno de sí mismo.

Si las mujeres siempre van a ser más vulnerables, entonces la igualdad siempre será relativa.

Hay cosas que sólo se explican con palabras y otras que sólo se entienden con imágenes; porque hay cuestiones que deben comprenderse y otras que deben sentirse.

Ariadna

Las redes sociales acercaron a los que están lejos y alejaron a los que están cerca.

Lo límites son físicos, las limitaciones son mentales.

Antonio Alonso

Si cambias la forma de ver las cosas, las cosas cambian de forma.

Nadxiieli

Déjame soñar porque si no, entonces no te dejaré dormir...

Prefiero perder tiempo con mis amigos, que perder amigos con el tiempo.

Hay gente que se acostumbra a nada por miedo a todo.

Habita cada día, habita en cada espacio, habita tu propio existir, habita la Vida para realmente vivirla.

Roberto Ayala

En el hombre como en el mar, aún en su interior hay inquietud.

Jorge Luis Capdepont Ballina

El desarrollo es posible si juntos damos un paso firme con la mirada y la voluntad puestas en el bienestar común.

Movimiento Triángulo

El buen ciudadano se expresa, participa, se organiza y respeta.

La manera de dar vale más que lo que se da.

Dale Carnegie

Todos unidos en lo esencial

Sociedad en Movimiento

No todos los padres son poetas, pero todos los hijos son poesía...

Cartel en la caravana de Javier Sicilia

El límite de mi libertad está en el bien común, no sólo donde empieza la libertad del otro.

Jorge Aranda

El amor no toca a mi puerta, entra cuando la dejo abierta.

Claudia Cervantes

Cuando quieras conocer a una persona, no escuches lo que dicen de ella, escucha lo que ella dice de los demás.

Una buena cita termina con un beso, pero una excelente cita termina con un desayuno.

Alex Vargas

Lo bueno de una persona fría es que lo poco que expresa es verdadero.

Ernesto Aguilar

Si no puedes lidiar conmigo en mi peor momento, definitivamente no me mereces en el mejor.

Marilyn Monroe

Una mujer bella necesita de su sonrisa; una mujer seductora necesita de su mirada; una mujer inteligente sólo necesita de sí misma.

Alex Vargas

Tú encárgate de tener un buen día... de que tengas buena noche me encargo yo.

Melissa Morales

El presidente electo va a tener como mejor aliado no a su partido, sino a la sociedad civil.

Alberto Núñez

Que no nos sobre, pero que no nos falte...

La vida es como el Tetris: tus aciertos desaparecen mientras que tus errores se acumulan.

El dinero no se da en los árboles pero sí en las palmeras.

Slogan de turismo de playa

Aunque muchas ocasiones se considera una reacción incomprensible, a veces el silencio es la mejor respuesta.

No creo y no practico la cultura del sacrificio.

Los sueños tienen una razón que la razón no entiende.

Hay dos clases de mujeres: niñas mal y femme fatale.

Luis Areitio

Alguna vez alguien me dijo: te amo, entonces pensé: qué coincidencia, porque yo también me amo.

Diana Mendoza

Un aplauso para mi almohada que vive tantos sueños, escucha mis pensamientos, seca mis lágrimas y soporta mis insomnios.

Cecilia Barragán

Un buen destino es que dos personas se encuentren cuando ni siquiera se estaban buscando.

Tantas cosas que pude hacer contigo... y elegí enamorarme.

Las palabras no son todo. El valor de lo que se dice depende de quien lo dice.

Debes perdonar a la gente, no porque se lo merezcan, sino porque tú te mereces estar libre de ellos.

El primer amor de toda mujer debería ser el amor propio.